DE LA NÉCESSITÉ

DE DIFFÉRER L'EXPÉDITION

DE

SAINT-DOMINGUE.

Par Mr. T. O***.

A PARIS,

Chez L. G. MICHAUD, IMPRIMEUR DU ROI,
RUE DES BONS-ENFANTS, n°. 34.

OCTOBRE 1814.

AVERTISSEMENT.

Depuis cinq mois, il a paru beaucoup
d'ouvrages nouveaux sur les colonies : à
quelques nuances près, ils se ressemblent
tous, parce que les colons qui les ont publiés, ont les mêmes intérêts et le même
but. Leurs désirs sont naturels autant que
légitimes ; mais le Gouvernement, avant
de s'occuper de l'expédition de Saint-Domingue, doit s'assurer si les projets qu'ils
se sont empressés de proposer pour sa restauration peuvent être exécutés sans dangers ;
si tous les obstacles ont été prévus et ap-
planis, et si l'on peut compter sur le succès.

Je conviens que les propriétaires aux
Antilles ont tous les droits possibles à traiter ce sujet, mais je leur en conteste le
privilége exclusif. Il s'agit moins de connaître le régime intérieur des colonies, leurs
produits et leurs rapports avec la métropole, que de savoir si, dans l'état actuel des
choses, la France doit exposer des troupes,
des vaisseaux, et le commerce hasarder de
nouveaux fonds : c'est une question politique dont l'examen appartient à tous les

Français. J'ai donc vu avec peine l'estimable auteur d'une brochure qui a pour titre : *De l'utilité des Colonies, et des moyens d'en recouvrer la possession,* défier ceux qui ne partagent pas entièrement ses opinions, se lasser de faire la guerre dans les salons, désirer de parcourir un champ plus vaste, et souhaiter, surtout, de rendre le public juge de ses combats polémiques.

Sa première proposition aura peu de contradicteurs, et je n'en augmenterai pas le nombre; mais plutôt que d'adopter le plan qu'il indique pour faire réussir la seconde, je ramasse le gand, et j'entre en lice.

Mon intention est de développer mes idées avec la modération qui a toujours été dans mon caractère. Je ne renonce pas plus que les malheureux habitants de St.-Domingue, à l'espérance de voir encore fleurir cette colonie; mais je n'en crois pas le moment aussi favorable et aussi rapproché qu'ils l'imaginent. Je puis me tromper, je le souhaite même : la France serait plutôt heureuse, et son bonheur me consolerait facilement de ma défaite.

DE LA NÉCESSITÉ

DE DIFFÉRER L'EXPÉDITION

DE

SAINT-DOMINGUE.

Les Souverains alliés ont signé la paix. La France, fatiguée de révolutions, s'apprête à jouir, sous un gouvernement légitime et paternel, du repos dont elle a besoin. Les événements d'avril ont changé la direction des esprits. L'image de la destruction a fait place à des tableaux plus consolants. Toutes les idées se tournent vers le commerce, source principale de la prospérité d'une nation : celui des colonies attire plus particulièrement les regards, et St.-Domingue semble posséder ce baume salutaire qui doit guérir nos maux et ranimer nos forces.

C'est avec la plus vive impatience qu'on attend le signal du départ pour l'Amérique. Resserrés dans nos anciennes limites, et rendus à une administration sage, qui devra à ses économies le rétablissement de ses finances, nous avons dû nous attendre aux réformes qui ont atteint presque toutes les classes de la société. L'homme qui entre dans le monde, et qui désespère de s'avancer dans l'état militaire ; le père de famille qui a perdu son emploi, et qui, sans crédit et sans argent, ne peut rien entreprendre dans son pays, se flattent que le nouveau continent, théâtre de fortunes rapides, leur offrira des ressources que la mère-patrie leur refuse. L'armateur, dont les navires dépérissent dans nos ports ; le spéculateur, si long-temps réduit à l'inaction ; le cultivateur, le fabricant, le négociant de l'intérieur, le constructeur, le capitaine, les matelots, tous voient dans le commerce maritime et dans nos relations avec les colonies, les moyens sûrs d'utiliser des vaisseaux, d'augmenter les capitaux, d'accroître les revenus du fisc, de donner des débouchés aux produits de notre sol et de nos manufactures, de multiplier les mains-d'œuvre, et de relever notre marine.

À cette classe, déjà nombreuse, se joignent les colons, qui, forcés de tout abandonner, pour se soustraire aux fureurs de leurs esclaves, offrent, après vingt années de privations et de souffrances, de retourner dans leurs habitations dévastées, et de faire servir à leur restauration les débris épars de leurs anciennes richesses.

Je ne me dissimule pas que c'est contrarier une infinité d'intérêts particuliers que de cherher à s'opposer à l'exécution de pareils projets : mais différer n'est pas abandonner. Nous devons sans cesse nous rappeler les déplorables résultats des précédentes entreprises. Ce sont de terribles leçons, dont il faut profiter. Il ne suffit pas de s'emparer de Saint-Domingue par la force ou par la douceur, il faut avoir la certitude de s'y maintenir, d'y soumettre les noirs, de leur faire reprendre paisiblement leurs travaux, de compléter le nombre des hommes nécessaires à la culture, et de délivrer les blancs de la crainte d'une guerre maritime à laquelle on est loin de s'attendre, mais qu'on doit toujours admettre comme possible, quand il s'agit de préserver de ses funestes effets une colonie renaissante.

Je n'ai pas le dessein d'écrire l'histoire des malheurs de Saint-Domingue, des crimes que les vengeances y ont fait commettre, ni des révolutions qui en ont chassé les Européens ; d'autres se sont chargés, avant moi, de ce pénible soin. Je veux encore moins reproduire une question décidée depuis long-temps, celle de savoir si la France a besoin de ses possessions dans les Indes occidentales. Une dissertation sur l'utilité des colonies (dit l'auteur des *Considérations sur le commerce maritime des puissances de l'Europe*), serait toute aussi extraordinaire que celle qui aurait pour objet de démontrer que le jour n'est pas l'effet de la lumière que répand le soleil. Je me suis uniquement proposé de prouver qu'on doit différer l'expédition de Saint-Domingue, je ne m'écarterai point de mon sujet.

CHAPITRE PREMIER.

Des Incertitudes sur la situation actuelle de la Colonie.

Ce que nous avons appris de St.-Domingue, depuis plusieurs années, nous est parvenu par des voies étrangères. Les articles de journaux d'une nation avec laquelle nous étions en guerre il y a six mois, ne sont pas toujours des articles de foi, et ce n'est pas dans de pareilles sources que nous devons puiser les renseignements dont nous avons besoin. Ce qui paraît certain, c'est que le mulâtre Péthion occupe avec son parti les provinces du Sud et de l'Ouest, et que la fertile province du Nord obéit aux ordres de Christophe, chef des noirs, qui a pris le titre de souverain d'Haïti. Le nombre des troupes de ces deux rebelles, leurs moyens de défense et leurs ressources, sont aussi peu connus que leurs projets. On évalue généralement à vingt mille hommes la force des deux armées, et voici ce qui sert de base à ce calcul approximatif.

En 1790, on comptait dans la colonie six cent mille cultivateurs. Les guerres civiles et étrangères, éprouvées sans interruption jusqu'en 1798, époque de la domination absolue de Toussaint-Louverture, ont fait périr deux cent mille nègres. De 1798 à 1802, les travaux forcés auxquels ils étaient condamnés, et les mauvais traitements de Toussaint ont diminué la population d'un cinquième. En 1802 et 1803, l'expédition du général Leclerc, les cruautés de Dessalines et de Toussaint, l'irruption de ce dernier dans la partie espagnole, la misère et la débauche, ont opéré une nouvelle réduction de cent mille sur les trois cent vingt mille qui restaient. De 1803 à 1811, les dévastations de Dessalines, la guerre à mort entre Péthion et Christophe, en ont encore dévoré plus du tiers. De 1811 à 1814, les mêmes causes ont nécessairement produit les mêmes effets ; de sorte qu'en ajoutant les pertes occasionnées par la mortalité ordinaire, on trouve qu'il faut porter à cent vingt mille la totalité des nègres existants aujourd'hui ; et comme les femmes, les enfants et les vieillards ont été moins exposés que les hommes armés aux ravages de la guerre, il est naturel de penser qu'ils figurent pour les cinq sixièmes dans la totalité, et que par conséquent le dernier sixième, qui est de vingt mille, est représenté par les hommes en état de combattre. Les naissances, dans ces temps d'orages, n'ont remplacé ni compensé en partie ce vide énorme. L'état de guerre, la vie errante, les maladies, n'ont pas dû favoriser la population. On ne peut cependant pas affirmer que telle est la situation de la colonie : ceci est hypothétique ; mais obligé, faute de notions certaines, d'admettre des suppositions, j'ai dû m'emparer de celles qui paraissaient les plus vraisemblables.

On sera forcé de faire la conquête de Saint-Domingue, ou l'on y rentrera en faisant des traités : dans tous les cas, il faudra y envoyer une armée ; car si les nègres ne veulent pas se rendre, on ne les réduira pas avec de simples menaces ; et, s'ils se soumettent, il faudra pouvoir les contraindre à tenir leurs promesses, dans le cas où ils tenteraient de s'en dégager. La tranquillité future de la colonie exigera la présence constante d'un nombre de troupes françaises plus considérable qu'en 1790 , parce que le préjugé qui faisait la force morale des blancs est détruit, et que leurs anciens esclaves ne veulent plus voir en eux que des égaux.

Je viens de dire qu'on n'entrerait à Saint-Domingue qu'avec des armes ou des traités; je vais donner quelques développements à ces deux propositions. Je commence par celle qui est malheureusement la plus probable, c'est qu'il faudra faire la guerre aux noirs.

La guerre ne sera pas longue, ni le succès douteux, si leurs moyens de résistance sont prévus; et bien que les nègres soient plus aguerris et mieux commandés, ils seront réduits en moins de quatre mois : le général Leclerc n'en a pas mis davantage lors de l'expédition de 1802. Le point principal est d'être fixé sur le nombre de troupes à embarquer. L'expédition d'Egypte, partie des côtes de la Méditerranée, en mai 1798, nécessita l'emploi de dix-sept vaisseaux de guerre et de cent quatre-vingt-quatorze bâtiments de transport. Il n'y avait à bord que trente-cinq mille hommes. On faisait un voyage d'un mois; on ne portait

des vivres que pour la traversée. On était sûr
de trouver entre les côtes de Provence et Alexandrie une infinité de ports dans lesquels
on pouvait relâcher. Ce pays, qu'on se proposait d'occuper, était abondamment pourvu de
tout ce qui est nécessaire aux besoins de la vie;
c'était en quelque sorte la terre promise.

Celle de 1802, à Saint Domingue, présente
un tableau bien différent : l'embarquement de
cinquante mille hommes qui la composaient
exigea de triples moyens, et l'on perdit beaucoup de monde en mer avant d'arriver au Cap.
Il faudrait aujourd'hui, comme en 1802, ne
point compter sur les ressources locales; les
côtes de Saint-Domingue n'offriront que des
sables brûlants, et quelques forêts que les
nègres n'auront pas eu le temps d'incendier.
On devra tout porter d'Europe, y retourner,
après le débarquement, pour chercher des vivres, de l'argent et des munitions, et continuer
sans interruption ces convois dispendieux, aussi
long-temps que la présence de l'armée sera jugée nécessaire.

Quelques grands que soient ces sacrifices,
il est de l'intérêt et de la gloire du gouvernement de les faire : il les fera, mais avec une
sage lenteur, quand il pourra proportionner
l'attaque à la défense présumée. Les coups qu'il

portera seront plus sûrs, parce qu'il saura où frapper, et, à quelques modifications près, le plan de campagne sera tracé avant de quitter les côtes de France.

La pacification, sans l'intervention de nos troupes, est douteuse, mais n'est pas impossible. Je la suppose générale; dans ce cas, Péthion et Christophe reconnaîtront l'autorité du Roi, désarmeront leurs soldats, et donneront les premiers l'exemple de l'obéissance, ou bien l'un de ces deux rivaux réunira ses forces à l'armée française pour combattre l'ennemi commun. Les colons semblent adopter cette dernière opinion ; ils se fondent sur le découragement des noirs, et l'état de misère auquel ils ont été réduits par leurs propres compatriotes. J'avoue que je ne me livre pas aussi facilement qu'eux à ces douces espérances ; l'abus du pouvoir peut lasser les peuples, mais jamais celui qui les asservit. Péthion et Christophe ont joui d'une souveraineté acquise par des fatigues innombrables et par des crimes; ils ne consentiront pas à rentrer dans la classe des simples citoyens, et encore moins à se livrer à des hommes qu'ils combattent depuis vingt ans, et dont ils doivent redouter les ressentiments. La loyauté du gouvernement français, des paroles de paix, les séduiront difficilement: Péthion se rappellera que Toussaint-Louverture est mort de faim dans l'île d'Elbe, et Christophe aura sans cesse devant les yeux le cadavre de Maurepas, son beau-frère, noyé avec toute sa famille dans la rade du Cap. Le nègre est inquiet et soupçonneux ; il ne peut croire aux sentiments nobles et généreux, qui ne sont jamais entrés dans son cœur. Le nègre soldat verra dans les blancs des anciens ennemis qui viennent lui ravir sa liberté, et le chef les redoutera comme des vengeurs dont il n'a rien à espérer : au nom de la liberté, à ce cri de raliement, ils embrasseront tous la cause commune, et Christophe répétera ce qu'il mandait au général Leclerc : « On nous prend donc encore pour » des esclaves : allez dire au général que les » Français ne marcheront ici que sur un monceau de cendres, et que la terre les brûlera. »

Péthion, moins coupable peut-être, moins sûr de son parti que Christophe, et exposé aux premiers chocs de nos troupes, temporisera, promettra et cherchera à gagner du temps ; mais Péthion n'a avec lui qu'un petit nombre de mulâtres ; sa force principale réside dans les nègres de l'ouest, rivaux de ceux du nord ; et s'ils s'aperçoivent que les hommes de couleur sont dans l'intention de les livrer à une

armée de blancs, Péthion sera leur première
victime. Cependant, des personnes qui se disent
bien instruites, prétendent qu'il a arboré le
drapeau blanc; d'autres vont plus loin, et
affirment que Christophe se rendra avec la
même facilité. Christophe, selon eux, est un
aventurier usurpateur qui songe à lui, et qui
après s'être maintenu par la force, sortira par
la perfidie de toute position difficile, s'il y
trouve son avantage. Tous ces bruits sont
vagues et sans consistance. Si d'un côté on
nous représente chaque chef de parti comme
disposé à se joindre à nous pour écraser son
adversaire, d'un autre les lettres de la Jamaïque
et des Etats-Unis, rapportées dans le Moniteur
du 8 septembre, donnent pour certain qu'ils se
sont réunis pour repousser toute attaque.

Il faut cependant sortir de cet état d'incer-
titude; et si l'on peut éviter de faire encore
couler le sang sur cette terre qui en est depuis
si long-temps abreuvée, il ne faut rien né-
gliger pour y parvenir. Que ce soit Christophe
ou Péthion qui désire la paix, il faut la lui
offrir avec tous les avantages compatibles avec
la sûreté de la Colonie : on ne doit se résoudre à
combattre que quand tout espoir de conciliation
aura été perdu. Mais ces tentatives, que récla-
ment l'humanité et l'intérêt des Colons, doi-

vent précéder l'expédition. Si l'arrangement n'est que partiel, on connaîtra sur quel point il faudra diriger le débarquement pour trouver des alliés; si la pacification est générale, on exécutera les plans convenus avec les chefs pour en assurer le succès.

Le gouvernement n'avait, je pense, qu'un seul parti à prendre, et, je m'empresse de le déclarer, ce parti a été pris: trois commissaires, MM. Franco de Médina, d'Auxion-Lavaisse et Herman d'Avreman ont été désignés par le ministre de la marine; ils sont partis de Falmonth pour la Jamaïque, et doivent se rendre de là au Cap, au Port-au-Prince, ou dans tout autre port, pour sonder les dispositions des mulâtres et des noirs. Je ne connais ni M. Lavaisse, ni M. d'Avreman; mais s'ils ont, comme on n'en peut douter, autant de droit à la confiance générale que M. de Médina, j'ose prédire qu'ils rempliront leur mission au gré du gouvernement. M. de Médina, officier supérieur, que j'ai vu en Espagne, est un homme franc, loyal, courageux, connaissant le pays et parlant la langue créole; il transmettra au ministère les renseignemens qu'il aura pris, communiquera ses idées sans prévention et sans intérêt, et l'on saura si Christophe ou Péthion, instruits des dispositions de la France de recouvrer Saint-Domingue , nous y appellent ou se préparent à nous en repousser. On a donc agi dans le sens des Colons, qui se sont plaint amèrement de ce que le général Leclerc était resté trois jours en panne dans la rade du Cap sans faire part de ses projets, et laissant douter si l'escadre était française ou anglaise.

C'est avec la plus vive peine que j'ai vu blâmer ces nominations, juger les moyens faibles, lents et obscurs, et qualifier d'enfants perdus et de missionnaires à caractère équivoque des hommes revêtus des pouvoirs du Souverain. C'est faire soupçonner que le regret de n'avoir pas été choisi entre pour beaucoup dans ces réflexions, que tout lecteur sans passion trouvera aussi désobligeantes que déplacées.

Les commissaires du Roi feront ce que le général Leclerc a négligé de faire : les nègres seront instruits du changement de gouvernement en France ; ils connaîtront le traité de paix avec les puissances continentales ; ils y verront que le repos dont l'Europe va jouir permettra à la France de déployer une partie de ses forces dans les Antilles ; que déjà la Martinique et la Guadeloupe ont été rendues à leurs anciens maîtres ; qu'ils n'ont rien à attendre de l'Angleterre, de l'Espagne ni des États-Unis ; qu'ils seront livrés à eux-mêmes ; qu'ils courront des dangers inévitables en fuyant vers la partie espagnole ; et que, sans munitions et sans vivres, il ne leur restera pour perspective que les supplices, la misère et la mort.

Pour de pareils préliminaires il ne fallait ni armée, ni colons, mais des hommes étrangers aux désastres de la colonie, dont la vue ne pouvait rappeler aucuns souvenirs douloureux ni inspirer des méfiances. Leur rapport dissipera nos incertitudes. Il serait à souhaiter qu'il fût la seule cause du retard de l'expédition, et que nous n'eussions pas d'autres obstacles à surmonter.

CHAPITRE II.

De la part prise par les agitateurs de la France à la révolution d'Amérique ; de divers projets attribués à cette époque à l'Angleterre ; du congrès.

Saint-Domingue était en 1790 dans l'état le plus florissant. Le commerce national lui avait porté pour 80 millions de marchandises ; les denrées coloniales, importées en France, avaient produit 220 millions. On évaluait à

17 millions les marchandises qui avaient servi à l'achat des noirs ; enfin, la balance du commerce général, qui, en 1788, avait été, en faveur de la France, de 56 millions 630 mille livres, s'était trouvée de 68 millions, quand la perte de cette colonie fut résolue.

Il n'y avait peut-être pas de pays sur la terre moins propre que Saint - Domingue à braver les agitations d'une révolution : comme sa conservation tenait à la considération attachée à la race européenne, il ne put résister au désordre qu'amena la disparution du prestige. Les mêmes hommes qui venaient d'isoler le trône par l'abolition de la noblesse, de porter le premier coup à la religion par la constitution civile du clergé, qui avaient anéanti tous les ordres de l'état, soulevé le peuple contre l'autorité légitime, et mis la France en combustion ; des Français sans principes, sans mœurs et sans fortune, qui rêvaient déjà la république, et qui, n'ayant rien à perdre, osaient tout pour s'élever, conçurent le projet d'introduire dans les colonies les innovations destructives des cultures, de l'ordre et de la sûreté publique. Ils y portèrent la torche qui leur avait servi à incendier leur patrie. Ils parurent s'appitoyer sur le sort des cultivateurs ; ils leur dirent qu'ils étaient malheureux, et ils le

2..

crurent ; que la liberté était un droit naturel, inaliénable, contre lequel il n'y avait point de prescription, et dont l'homme ne pouvait être privé ; que c'était le bien le plus précieux ; et ils désirèrent de devenir libres. Des émissaires furent envoyés aux affranchis, pour les prévenir qu'en France on voyait avec indignation la tyrannie qui pesait sur eux ; que bientôt une loi établirait leurs droits, mais qu'il fallait, avant tout, déployer une énergie qui prouvât qu'ils en étaient dignes. On leur conseilla de s'insurger, et ils s'insurgèrent. Le respect dû aux loix, et la concession de leurs droits politiques ne purent rien contre eux ; bientôt, se trouvant trop faibles, ils s'associèrent les esclaves, déjà disposés à la révolte, et la colonie fut inondée du sang des blancs, et couverte des cendres de leurs propriétés.

Quel était le but des instigateurs ? On ne peut le concevoir. Voulaient-ils changer la forme du gouvernement et se mettre à la tête de la république ? Mais alors il ne leur convenait pas de détruire les revenus principaux de l'État qu'ils voulaient administrer. Étaient-ils obligés, par une conséquence naturelle des principes qu'ils avaient proclamés, de seconder les efforts que faisaient les peuples pour recouvrer leur liberté ? cela pouvait être ; mais ils n'avaient nul intérêt à les provoquer. Etaient-ils les agents secrets ou involontaires de quelques puissances jalouses de la France ? C'est une opinion qui a eu un très-grand nombre de partisans.

Dans le même temps que Saint-Domingue était en proie à toutes les horreurs de l'anarchie, on agitait au parlement d'Angleterre la question de la traite des noirs. On la discutait avec chaleur ; on invoquait avec emphase les principes de la philantropie ; ces discussions, auxquelles on donnait la plus grande publicité, faisaient germer en France les semences de la destruction ; elles exaspéraient les esprits, augmentaient en égale proportion les prétentions et la résistance, et rendaient plus difficile le retour de l'ordre et de la tranquillité.

Le même sujet fut encore repris en 1792. On alla plus loin : la traite fut abolie à la majorité de cent quarante-cinq voix ; mais l'exécution du bill fut renvoyée à l'année 1800.

La convention, moins prévoyante ou plus pressée de remplir ses promesses, ne tarda pas à prononcer la liberté immédiate et absolue des esclaves, sans modification ; dès ce moment, la ruine de Saint-Domingue fut consommée.

La persévérance du cabinet Britannique à

faire prononcer, par toutes les puissances, l'abolition de la traite, prétention qu'elle a manifestée dans toutes les circonstances, éveilla à cette époque l'attention de quelques publicistes. Ils crurent que ce cabinet, qui ne fait jamais rien de contraire à ses intérêts, voulait priver par cette mesure les autres métropoles des moyens de conserver leurs colonies. Ils persistent encore aujourd'hui dans le même sentiment. La France, disent-ils, a fait de grandes pertes en nègres cultivateurs; ses possessions seront nécessairement condamnées à la stérilité, si la traite n'y remplace les noirs que la révolution leur a enlevés. Les colonies anglaises sont au contraire au *maximum* de leur culture. Au lieu d'avoir perdu des esclaves depuis vingt ans, elles en ont au contraire reçu autant qu'il leur en fallait; c'est donc le moment où l'Angleterre peut, sans qu'il lui en coûte, paraître généreuse : en sollicitant l'abolition de la traite, elle perdrait, il est vrai, le bénéfice qu'elle fait sur le commerce des noirs (en supposant qu'elle ne le continuât pas après que les autres y auraient renoncé); mais elle gagnerait par l'abondance de ses denrées tout ce que ses rivales perdraient par la rareté des leurs.

On a poussé plus loin les conjectures : on a

prétendu que le gouvernement anglais ferait volontiers le sacrifice de tout ce qu'il possède en Amérique, si son exemple devait être suivi par les autres nations, parce qu'il conserverait l'Inde, dont il tire plus de richesses que toutes les colonies réunies n'en donnent à leurs métropoles, et qu'il ne resterait rien à celles-ci.

Non, je ne puis le croire, l'Angleterre n'a pas conçu ce désastreux projet; tant qu'elle a cru que les maximes et les désordres de la révolution française menacaient tous les états de l'Europe d'une subversion totale, elle a engagé les autres souverains à faire marcher leurs armées contre la France, pour rétablir son ancien gouvernement, et resserrer ses limites de manière à n'avoir plus à craindre ni ses forces ni ses principes. Tel a été le but apparent, le but avoué des premières coalitions dont elle a été l'ame et le soutien.

Après le renversement de la république et du directoire, elle a paru alarmée de l'ambition d'un homme. Mais, séparant la nation d'avec celui qui la gouvernait, c'est à lui seul qu'elle a prétendu faire la guerre; c'est sa chute qu'elle désirait; et s'il existait encore quelques incrédules, on leur opposerait la conduite franche et loyale qu'elle a tenue envers nos princes malheureux, son empressement à nous rendre notre Roi et à terminer une guerre qui n'avait plus d'objet.

Je le répète, l'Angleterre n'a pas conçu le projet d'empêcher la restauration de nos colonies; devenue notre alliée, elle cherchera à nous faire oublier les sacrifices de 20 millions sterling, de quarante-cinq mille blancs, des armes et des munitions qu'elle a envoyés à Saint-Domingue pour consolider la révolte et l'indépendance.

Quel vœu lui reste-t-il à former ? son pavillon flotte dans tous les ports du monde connu ; elle est devenue puissance continentale ; une alliance, qui n'est peut-être que différée, lui donnerait une influence considérable sur la Hollande et sur les Pays-Bas, dont les principales forteresses sont déjà occupées par ses troupes.

Si l'on jette un coup-d'œil sur sa marine militaire, on reste étonné de son prodigieux accroissement. Le recensement qui vient d'en être fait porte à neuf cent trente-trois le nombre de ses bâtimens de guerre. Celui des vaisseaux est de deux cent douze ; celui des frégates de deux cent dix-huit. Le surplus se compose de cutters, de bricks et autres navires légers. Sur les deux cent douze vaisseaux de ligne, quatre-vingt-un sont en mer, ou prêts à mettre à la voile, et sur les deux cent dix-huit frégates, quatre-vingt-douze sont hors des ports, et quarante-sept en état d'en sortir.

Faisons le tableau rapide de ses possessions; elle a en Europe Malte et Gibraltar ; en Afrique le Sénégal-Cambie, les factoreries de la Haute et Basse-Guinée, l'île de Sainte-Hélène, et le Cap de Bonne-Epérance.

En Amérique, les îles de Terre-Neuve, de St.-Jean et du cap Breton, la baye d'Hudson, le Canada, l'Arcadie, les Bermudes, les îles Lucain, Campêche, Honduras, la Jamaïque, Tortola, les îles Vierges, St.-Cristophe, Antigoa, Anguille, Nièves, Mont-Serrat, la Barbade, St. Vincent, la Dominique, Grenade, l'île de la Trinité, Sainte-Lucie, Tabago, Essequibo, et Démérary.

Si nous portons nos regards sur l'Asie, nous trouvons les Anglais établis à l'Ile-de-France, dans le golfe Persique, à Sumatra, à Malaque, aux Moluques, à Cochin et à Mahé.

Nous les voyons occupés à affermir leurs établissements dans la Nouvelle-Hollande ; et l'Indoustan ne présente plus qu'un amas de provinces formant un vaste empire sous le joug Britannique.

Faisons succéder à cette longue et brillante énumération des provinces Anglaises, celle des colonies Françaises.

Nous avons Cayenne et la Guyane, qui dépérissent chaque jour, et dont les plus fortes
exportations ont été de six cent mille francs.
On nous a rendu la Martinique et la Guadeloupe; ces îles envoyaient à peine à elles deux,
pour cinquante-cinq millons de denrées à la
Métropole : nous conservons la petite île de
Bourbon, qui ne produit qu'environ huit millions sans déduire les frais d'exploitation.

On nous laisse libres de retourner à St.-Do-
mingue. On ne nous rend pas cette colonie,
parce qu'on ne peut restituer ce qu'on ne possède pas; on promet seulement de ne plus nous
troubler dans la jouissance d'une propriété
dévastée dont nous ne sommes pas encore les
maîtres.

En Europe, la France victorieuse pendant
vingt ans, et à qui l'on avait supposé bien gra-
tuitement le projet d'une monarchie univer-
selle, ne conserve que son ancien territoire, et
rend toutes ses conquêtes. L'Angleterre garde
les siennes, mêmes celles qui, d'après des as-
surances réitérées, devaient servir de compen-
sation à la paix générale.

Il est un terme où l'ambition des nations,
comme celle des particuliers, doit s'arrêter ;
le cabinet de Londres est trop prudent pour
ne pas le sentir.

La crainte d'une opposition à la restauration de St.-Domingue ne devrait pas retarder l'expédition, si l'article additionnel du Traité ne présentait pas une ambiguité qu'on doit désirer de voir disparaître.

Le voici textuellement:

« Sa Majesté Très-Chrétienne, partageant
» sans réserve tous les sentiments de Sa Ma-
» jesté Britannique, relativement à un genre
» de commerce que repoussent et les prin-
« cipes de la justice naturelle et les lumières
» des temps où nous vivons, s'engage à unir
» au futur congrès tous ses efforts à ceux de
» Sa Majesté Britannique, pour faire pronon-
» cer, par toutes les puissances de la Chré-
» tienté , l'abolition de la traite des Noirs,
» de telle sorte que ladite traite cesse univer-
» sellement , comme elle cessera définitive-
» ment, et dans tous les cas , de la part de la
» France dans un délai de cinq années ; et
» qu'en outre, pendant la durée de ce délai,
» aucun trafiquant d'esclaves n'en puisse im-
» porter ni vendre ailleurs que dans les colo-
» nies de l'état dont il est sujet. »

En s'arrêtant au sens le plus naturel, on trouve que ces conditions n'ont rien d'inquiétant pour la France : le cabinet de Londres n'a pas prétendu exercer une autorité indirecte sur les colonies qu'il nous a rendues, encore moins sur celles que nous nous proposons de reprendre.

La promesse des hautes puissances contractantes de s'unir au futur congrès, pour faire prononcer l'abolition de la traite, ne deviendra une obligation que quand elle aura été généralement consentie. Il en est, ce me semble, des conventions des nations comme des actes des particuliers : là où il n'y a pas réciprocité d'engagement, l'acte devient nul.

La France, résolue de renoncer par la suite à la traite, s'est indubitablement réservée la possibilité de juger si cette détermination était compatible avec l'existence de ses colonies. Le besoin de les repeupler a fait composer avec les principes. Je ne vois pas quel inconvénient il y aurait à proroger indéfiniment le délai de cinq années, et à laisser à l'humanité de chaque gouvernement le soin d'abolir ce commerce.

Mais si, au contraire, l'Angleterre prétendait que l'obligation est positive pour la France seulement, tous les soupçons se réveilleraient à-la-fois ; on ne verrait dans de pareilles conditions que l'exécution continuée du plan qu'on lui a supposé de détruire nos colonies ; les traités qu'elle vient de conclure avec l'Espagne et le

Portugal en donneraient de nouvelles preuves, puisqu'il y a été expressément stipulé que la traite ne serait abolie qu'après un laps de temps nécessaire pour former, soit au Brésil, soit aux possessions Espagnoles dans les Indes occidentales, le nombre d'Africains indispensable pour les progrès de la culture.

On penserait, enfin, qu'en continuant la guerre avec les Etats-Unis, un de ses principaux motifs a été de prolonger un blocus dont l'effet serait de nous priver des ressources que nous aurions trouvées chez cette nation amie, et de nous contraindre de les tirer à grands frais de notre continent.

Le congrès n'admettra pas d'injustes exceptions : chaque gouvernement appelé à donner son avis librement, ne laissera pas porter atteinte à ses droits ; l'engagement sera général, ou les puissances qui ont des colonies continueront à les régir à leur gré. Après la clôture du congrès, quand les grands intérêts de l'Europe auront été débattus, que l'empire des mers aura cessé d'être le patrimoine d'un seul, et que les souverains, rassemblés à Vienne, auront posé les premières pierres de l'édifice consacré à la paix du monde, les gouvernements français et anglais s'occuperont d'un traité de commerce qui, en conciliant les pré-

tentions des deux nations trop long-temps rivales, achèvera de serrer les nouveaux nœuds
qui les unissent : libres alors de toute incer-
titude, et bien sûrs de ne laisser derrière eux
que des amis fidèles, nos guerriers seconde-
ront les efforts de la mère-patrie ; ils s'empres-
seront d'obéir à la voix d'un monarque si digne
de leur confiance et de leur amour : Saint-
Domingue, ce beau fleuron échappé de sa cou-
ronne, y sera rattaché pour jamais ; et l'on
verra encore, sur les rives d'Haïti, flotter l'an-
tique bannière des Bourbons.

CHAPITRE III.

Examen des divers plans proposés pour la
restauration de Saint-Domingue.

Le temps presse, des pétitionnaires se sont
adressés à la chambre des députés ; elle a déjà
entendu le rapport de sa commission. Je vais
me borner à l'examen rapide des articles principaux.

J'ai avancé qu'il ne suffisait pas de débar-
quer à Saint-Domingue, mais qu'il fallait avoir
la certitude de s'y maintenir ; si l'on consulte
séparément les Colons, l'un vous dira qu'il
faut adopter les principes d'une réaction en-

tière, absolue et sans modifications; qu'on ne doit pas ménager des chefs jaloux de conserver une autorité dont ils ont si long-temps abusé, et que les exemples du général Hédouville, du commissaire Ronm et du général Leclerc prouvent évidemment qu'on ne doit pas compter sur les témoignages trompeurs de fidélité et de soumission donnés par des traîtres qui ne fléchiront que devant la force, et avec la réserve tacite de violer leurs serments aussitôt qu'ils le pourront avec impunité. Interrogez cet autre, il vous répondra qu'il faut traiter avec les révoltés, accorder des titres, des décorations aux généraux, aux officiers supérieurs et même aux soldats; il vous soutiendra qu'il faut laisser à Christophe le commandement de la partie du nord, à Péthion celui de l'ouest, et donner à un capitaine-général blanc celui de la partie du sud, avec la condition que chaque général sera indépendant l'un de l'autre, et correspondra directement avec la métropole.

Ecoutez ce troisième : il est persuadé que les hommes de couleur, dont le sort est précaire et périlleux, ne mettront d'autre prix à leur soumission que l'obtention de leurs droits politiques. Saint-Domingue, ajoute-t-il, offre le tableau de tous les crimes réunis ; la force, toujours arbitre des droits qu'elle s'arroge, décide de tout. Ce n'est plus d'un maître dont le nègre est esclave aujourd'hui, il l'est de quiconque a un rang dans l'armée ; il a autant de maîtres qu'il existe de sabres, de fusils et d'instruments de mort. L'excès du malheur a pénétré les noirs de la nécessité du retour des blancs : la force armée ne devra donc être considérée que comme moyen accessoire, et dirigée vers un petit nombre de chefs naturellement ennemis d'un ordre de choses qui les replongerait dans le néant.

Entendez ce dernier ; il a reçu des notes et renseignements précis : Péthion a arboré le drapeau blanc sur les points principaux de sa domination ; Christophe ne peut se flatter de faire résistance, et se rendra à la première sommation ; il ne faut plus que des administrateurs civils, des missionnaires et des sœurs grises.

Je ne préjuge rien sur le sort futur de la colonie ; son régime dépendra des circonstances qui auront accompagné sa réduction ; la sagesse, l'énergie et la prévoyance du gouvernement sauront lui donner celui qui lui conviendra le mieux. Mais puisque beaucoup de gens ont cru avoir le droit de publier leur opinion, il me sera permis, je pense, de hasarder la mienne.

Saint-Domingue doit sa dévastation à ces novateurs qui, sous le voile de la philantropie et de l'humanité, et sous le titre d'amis des noirs, y ont propagé la funeste doctrine de la liberté et de l'égalité ; elle a soulevé l'affranchi contre son patron, l'esclave contre son maître ; le mépris, les persécutions, la proscription sont devenus le partage des colons ; les uns ont fui cette terre de douleur, et ceux qui y ont resté ont presque tous péri dans les cachots.

Les révolutions se ressemblent toutes, soit par la marche, soit par les résultats ; les légères différences qu'on y rencontre proviennent du caractère particulier ou du dégré de civilisation des peuples qui ont le malheur d'en être les témoins ou les acteurs. On a dit depuis long-temps que la liberté conduisait à l'anarchie, et l'anarchie au despotisme militaire. Si cette vérité avait besoin d'être encore démontrée, les Antilles en fourniraient une nouvelle preuve.

Sous un ciel brûlant, chez des hommes ignorants et barbares, déjà corrompus par le fait de l'esclavage, qui n'avaient jamais eu de notions claires du droit de propriété ni de celui de citoyens, et qui ne voyaient dans le décret qui les déclarait libres que la faculté de tout oser et de tout faire, l'intervalle qui sépare la liberté d'avec la licence fut bientôt franchi. Dans les convulsions inséparables de leur nouvelle existence politique, les nègres furent tour à tour instruments et victimes dés partis. Chacun essaya d'asseoir sa domination sur les bases chimériques de leur liberté; on versa des torrents de sang pour faire succéder des chefs à d'autres chefs, et le malheureux noir, en cherchant à se soustraire à l'autorité douce et paternelle des blancs, vint tomber sous la main de fer de ses compatriotes.

Il n'existe à présent dans la colonie que deux classes d'hommes, des opprimés et des oppresseurs : l'expérience a tracé depuis long-temps le parti qu'il faut prendre à leur égard.

Tout nègre militaire qui aura reconnu l'autorité légitime à l'arrivée des forces Européennes, devra être importé en France, quelque soit son grade. On ne devra conserver provisoirement, parmi les plus intelligents, qu'un petit nombre pour servir de guides et favoriser les opérations militaires.

Il serait dangereux d'écouter la voix d'une fausse philantropie, ou les conseils de la cupidité : les perfidies de Toussaint et de Dessalines doivent servir de leçons ; et la plus imprudente de toutes les décisions serait d'admettre dans les rangs de nos soldats français, ou de faire combattre à leurs côtés, des hommes qui nous haïssent, et qui, contraints par la nécessité de nous paraître dévoués, attendraient que les combats, ou les maladies eussent diminué le nombre de nos troupes, pour en massacrer le reste. Je n'exagère rien, c'est de cette manière que s'est terminée l'expédition de 1802. Ils ne seraient d'ailleurs que d'un faible secours pour détruire les révoltés ; on les déterminerait difficilement à se battre contre leurs compatriotes. L'armée française aurait de dangereux alliés, et compterait peut-être dans son propre camp autant d'espions que d'insulaires. A leur arrivée en France on pourrait les enrégimenter, leur donner un rang dans la ligne, et en faire des compagnies de mineurs ou de pionniers. Déjà des régimens noirs ont donné, dans les campagnes d'Italie, et notamment au siége de Gaëte, une haute idée de leur valeur et de leur discipline. L'état acquerrerait de bons soldats, des hommes faits à la fatigue et aux privations ; restés à St.-Domingue, ils seraient peut-être devenus nos ennemis et nos assassins.

L'adoption de cette mesure, réclamée par la prudence, n'a rien qui doive alarmer l'humanité ; le nègre enrégimenté en France, bien payé, bien nourri, traité avec douceur, ne regrettera pas long-temps St.-Domingue, qui n'est pas sa véritable patrie ; il jouira du don de sa liberté sans pouvoir nuire à ses bienfaiteurs.

La seule objection qu'on pourra faire, c'est que cette importation diminuera encore la population ; mais cette importation, qui se bornera à quelques milliers d'hommes, assurera la soumission de cent mille autres. Les Colons sont eux-mêmes convenus qu'on ne pourrait jamais faire reprendre à un nègre militaire les travaux pénibles de l'agriculture ; on n'enlèvera donc que des soldats dangereux et non d'utiles cultivateurs. Je ne m'arrête point au projet surprenant, inconcevable, de donner à Christophe et à Péthion les commandements supérieurs des provinces du nord et du sud, c'est-à-dire de confier à des hommes qu'on aura dépouillés du souverain pouvoir, et qui sont depuis vingt ans couverts du sang des

anciens Colons, le soin de protéger les nouveaux ; je croirais, en le réfutant, lui donner
trop d'importance. Je reviens à mon sujet.
Après la publication d'une amnistie qui devra précéder le premier acte d'hostilité, tout
nègre pris les armes à la main devra être puni
de mort ; mais si cet arrêt paraissait trop sé-
vère envers des subalternes plus ignorants que
coupables, on pourrait les condamner à une
seconde importation, différente de la première,
en ce qu'ils seraient employés à des travaux
perpétuels dans nos lazarets et nos arsenaux,
ou bien au desséchement de nos marais, aux
corvées extraordinaires et à l'exploitation des
mines. Cette détermination, qui alierait les
principes de la justice avec les sentiments de
la commisération, tournerait à l'avantage du
gouvernement, et la nouvelle révolution de
St.-Domingue se ferait sans commotion.

Par cette mesure, St.-Domingue serait dé-
barassé de ses perturbateurs ; les mécontents
n'auraient plus d'appui ni de points de réunion.
Les nègres, effrayés par ces actes de sévérité,
retourneraient paisiblement sur les habitations.
Les troupes françaises pourraient prendre du
repos, sans craindre ni la réaction ni les perfidies ; les régiments, affaiblis par l'influence

du climat ou les travaux de cette campagne, retourneraient en Europe : on ne retiendrait que les garnisons nécessaires pour consolider la tranquillité, faire respecter les blancs, et leur faire ressaisir une autorité dont ils jouissaient depuis deux siècles, et sans laquelle on doit désespérer de la restauration de la colonie.

Le gouvernement s'occuperait ensuite du sort des hommes de couleur, qui sont aujourd'hui en très-petit nombre, et verrait s'il convient de les laisser à St.-Domingue, de leur donner une existence politique et les mêmes droits qu'aux blancs. Il me semble inutile de revenir sur des questions débattues depuis vingt ans ; je me borne à soutenir que les chefs des mulâtres devraient aussi passer en France avec la certitude d'obtenir un état et des récompenses proportionnées aux services qu'ils auraient pu rendre. Mais puisque je suis entré dans le champ vaste des suppositions, je ne veux pas l'abandonner sans en avoir parcouru l'étendue.

Les troubles apaisés, on demande quel parti on prendra avec les nègres cultivateurs ? Je réponds qu'il faudra les rendre à leurs anciens maîtres, et rétablir les choses sur le pied où elles étaient en 1789 ;

1º. Parce qu'on ne peut priver les colons de propriétés acquises en vertu de lois positives sans les indemniser ;

2º. Parce que le système du gouvernement doit être uniforme pour toutes nos colonies, et qu'on ne peut maintenir l'esclavage à la Guadeloupe et à la Martinique, si on l'abolit à St.-Domingue ;

3º. Parce que le gouvernement, qui autorise la traite des nègres pour cinq ans, dans la vue de completter le nombre d'hommes nécessaire à l'agriculture, serait en contradiction avec lui-même, en anéantissant d'un côté ce qu'il veut favoriser de l'autre ;

4º. Parce qu'on ne peut limiter le temps de l'esclavage, pour la nouvelle traite, sans ruiner le propriétaire, qui se trouverait privé du travail de son nègre lorsqu'il commencerait à le dédommager de ses avances et des pertes que lui auraient occasionné la désertion ou la mortalité ;

5º. Parce qu'une habitation ne pourrait en même temps être cultivée par des nègres libres qui recevraient un salaire, et des nègres esclaves à qui l'on ne donnerait que la nourriture ;

6°. Parce que l'on ne saurait dans quelle classe ranger les enfans nés d'une esclave avec un nègre libre, ou d'une négresse libre avec un nègre esclave. Et que si l'on décidait que l'enfant, comme insulaire, sera libre en naissant, ce ne serait pas le moyen de favoriser la population, puisque le propriétaire n'aurait plus que les charges sans espérance de profit.

Véritablement on ne sait comment concilier les dispositions qu'on se propose de prendre pour encourager la traite avec les principes de philantropie qu'on accueille. On pourra répéter un jour ce que l'abbé Raynal écrivait à l'assemblée constituante : « Vous » avez fait pour les colonies beaucoup plus » que la politique ne vous permettait de faire, » sans avoir fait tout ce que l'humanité aurait » voulu que vous eûssiez fait. » Car si vous renoncez après cinq ans à la traite, dans l'espoir qu'une population mieux dirigée fournira par la suite le nombre d'esclaves nécessaire à la culture, l'abolition de la traite, de ce commerce que les principes de la justice naturelle repoussent, devient un mot vide de sens, puisque vos nouveaux efforts tendent à conserver ce qu'il vous répugne d'acquérir.

Le nègre esclave en 1790, était heureux;

la liberté dont on a prétendu le faire jouir n'a été qu'un présent funeste ; elle n'a point adouci sa condition actuelle, et ne lui a laissé que des inquiétudes sur celle à venir.

Cette réflexion mérite quelques développements que je donnerai dans le chapitre suivant. Je termine celui - ci par l'examen succint d'une autre supposition. De quelle manière traitera-t-on les nègres cultivateurs si on leur conserve la liberté ?

Fixera - t - on le prix du salaire suivant l'intelligence, la force et l'industrie de l'ouvrier ? Seront - ils payés en argent ou en marchandises ? Leur donnera - t - on une portion du revenu en nature, en les faisant participer pour cette portion aux bénéfices présumés de l'habitation ? On fixera des salaires, mais l'homme ne travaille que pour satisfaire aux besoins de la nature ou de la société ; et comme le nègre n'a aucun de ces besoins qu'il ne puisse satisfaire sans travail, il est évident qu'il préférera la paresse, qui est une jouissance pour lui, à l'argent qu'on pourra lui promettre : il faudra donc avoir recours à des mesures incompatibles avec la qualité d'homme libre.

On fixera les salaires, mais les réglements seront — ils exécutés ? Les besoins renaissants d'une habitation, les rivalités des blancs, qui chercheront à s'enlever les nègres cultivateurs; la nécessité d'agir au moment de la récolte, permettront-ils de suivre religieusement ces fixations? Le prix du travail étant la récompense du zèle, des talents de l'ouvrier, croit-on que les nègres seront assez de bonne foi pour reconnaître ces distinctions, et sentir que des *tailleurs de haies*, *des amarreurs d'entourrages* *et des gardeurs de barrières* ne peuvent être payés comme *l'arroseur*, *le charpentier et le sucrier?* Ces lois de police, qui ne subsistent que chez les nations civilisées où l'homme de peine est lui-même l'appréciateur de ses propres moyens, ne pourront jamais être mises en vigueur dans les colonies. A chaque moment il faudra comprimer des soulèvements, combattre des prétentions injustes, sévir contre l'habitant qui voudra exiger trop du nègre dont la conservation lui deviendra indifférente, ou contre l'ouvrier qui voudra être payé et ne rien faire. D'ailleurs, comment acquitter ces salaires avec régularité? Le colon débiteur, avant de remettre le pied aux colonies, aura contracté de nouvelles dettes pour les dépenses de son habitation. Toutes ses ressources consisteront dans la vente de ses récoltes. Il sera donc forcé d'ouvrir un compte à chaque nègre pour le payer après les échanges en marchandises d'Europe, dont cependant il sera le maître de fixer la valeur. Et qui vous répond que le journalier consentira à des évaluations arbitraires, et qu'il ne préférera pas d'acheter lui-même, des petits pacotilleurs qui abondent dans les colonies, les objets dont il aura besoin ? Quoi! vous lui donnerez la liberté, et vous ne lui laisserez pas la jouissance du prix de ses sueurs? vous exigerez de lui un travail constant et journalier, et vous lui en payerez le prix quand et comment vous le jugerez convenable? Ils crieront à l'injustice, et ils auront raison.

Si l'on accorde une portion du revenu en nature, le propriétaire devient alors le premier commis de ses journaliers; il faut qu'il crédite chaque individu en raison de son intérêt particulier. Il doit déduire les frais d'exploitation, les non-valeurs, les pertes d'animaux, l'entretien des usines, et faire entendre au nègre que, tous ces objets prélevés, il ne lui revient que telle portion de sucre, de coton, de café ou d'indigo. Si cette portion lui est remise en nature, vous le transformez en négociant qui, par ignorance, va devenir la victime du premier intrigant qui s'en emparera, et le trompera sur le poids et sur les prix. On s'exposera en outre à des vols fréquents, qu'il sera difficile de prouver, parce que le nègre soutiendra toujours que la marchandise saisie lui a été donnée pour sa part, et qu'il a la faculté de la vendre. Enfin, si le propriétaire se charge de la vente pour le compte du cultivateur noir, et si des faillites, ou la diminution dans le prix des denrées, reduisent son capital, il se plaindra d'avoir été trompé, et la méfiance et le mécontentement amèneront le trouble dans l'atelier.

Je pourrais encore ajouter d'autres difficultés pour le propriétaire, telles que le cas de mort d'un nègre, les successions, les dispositions testamentaires, les réclamations des héritiers, les tutelles, les émancipations et tous les drois litigieux prévus par le Code civil.

Il résulte de ce que je viens de dire, que le colon ne pouvant payer en numéraire, ni en denrées, et encore moins avoir pour associés les noirs de son habitation, il faut revenir au régime de 1789, qui pourra être perfectionné par des lois conformes aux lumières des temps où nous vivons.

CHAPITRE IV.

*De l'Esclavage, et de la Traite ; de l'établis-
sement d'une Compagnie des Indes
Occidentales.*

C'est à la voix de l'humanité qu'on a fait
de Saint-Domingue un amas de décombres,
et c'est au nom de la philantropie qu'on vou-
drait empêcher sa reconstruction. Les amis
des noirs ne sont-ils donc que les ennemis
déguisés des blancs ? La France a besoin de
ses colonies de la *Zone torride :* elles ne peuvent être cultivées par des Européens; on n'y
verrait bientôt que des mourants et des tom-
beaux. Il faut à l'homme transplanté un climat moins chaud que le sien. Les Indiens d'A-
mérique, qu'on avait voulu forcer au travail,
périrent victimes de la cupidité de leurs vain-
queurs. Les seuls Africains, nés sur les sables
brûlants de l'Éthiopie, ont pu s'y acclimater.
Pendant près de deux cents ans, cette trans-
plantation a été une source de richesses et
de prospérité. Si l'on renonce à employer des
Africains pour la culture, il faut abandonner
les colonies. « La traite, disent les novateurs,

» ne sera plus nécessaire, si l'on favorise la
» population. » Je le demande à tout homme
instruit et impartial, peut-on se faire une pa-
reille illusion, quand l'expérience de deux
siècles a démontré le contraire?

Qu'étaient-ils donc les colons qui, depuis
1627 jusqu'à l'époque de la révolution, ont
habité les Antilles? Des barbares, sans doute,
qui ne voulaient reconnaître ni les droits de la
nature, ui les calculs de leur propre intérêt.

Si je consulte les ouvrages publiés sur les
colonies, je prends une toute autre idée de
ces pères de famille, de ces vrais amis des
esclaves.

Nos nègres, dit un grand propriétaire de
Saint - Domingue, étaient notre véritable ri-
chesse; arrachés le plus souvent à la mort,
ce qui est d'abord un bienfait, et arrivés aux
lieux de leurs destinations, ils y recevaient
des marques de bienveillance de la part de
ceux que la curiosité ou le désir d'une acqui-
sition attiraient au marché.

La vente conclue, chacun emmenait ses
nègres; il en prenait soin, et les accoutu-
mait, jusqu'à ce qu'ils fussent acclimatés, aux
travaux les plus simples et les plus faciles.
Dans les premières années, l'habitant, intéressé

à conserver sa propriété, allait au-devant de leurs désirs, et prévenait jusqu'à leurs fantaisies. La case que le nègre arrangeait et distribuait à son gré, était une propriété dont il jouissait avec confiance et sécurité. Il trouvait dans l'intérêt et les soins de son maître son vêtement et sa subsistance. C'est ainsi qu'insensiblement il se faisait à sa nouvelle condition; il finissait par trouver son existence heureuse, et aurait été au désespoir d'être revendu. Sans doute il a existé des hommes plus cruels et plus inhumains que les noirs ne sont perfides et vicieux; mais quels reproches pouvait-on faire au plus grand nombre des colons français et gérants d'habitations? Sévères, mais justes, ils exigeaient un travail modéré, inférieur peut-être à celui de nos journaliers d'Europe; on facilitait la réunion des sexes dans l'intérieur de l'habitation; si l'on s'apercevait qu'un nègre avait pris du goût pour une négresse d'une habitation voisine, on cherchait à les rapprocher par des échanges; si la femme qu'il s'était choisie était féconde et donnait beaucoup d'enfants, leur nombre ne l'inquiétait pas: il avait le plaisir de voir croître autour de lui sa famille, sans en sentir le fardeau.

Ce n'était pas une augmentation de dépense

pour le propriétaire, dans un pays où l'entretien du nègre coûtait si peu.

Les femmes, vers la fin de leur grossesse, et pendant qu'elles nourrissaient, étaient soigneusement ménagées ; on distribuait aux enfants une nourriture saine et abondante. L'hôpital de chaque habitation était bien tenu, visité chaque jour par un chirurgien. Le vieillard et l'invalide n'étaient jamais abandonnés par leurs maîtres : la mendicité y était inconnue.

Indépendamment des terrains destinés à leur nourriture, chacun d'eux, ou chaque ménage avait la jouissance d'un petit jardin qui lui donnait en supplément les douceurs d'une certaine aisance, et ils venaient vendre aux marches, les jours de fêtes, les fruits de leur industrie.

Ceux qui ont écrit sur l'esclavage des nègres l'ont fait d'après des rapports exagérés ou faux, et sans avoir pu juger par eux-mêmes ni de l'espèce d'hommes pour lesquels ils plaidaient, ni de leur existence dans l'état d'esclavage. Ils ont justement mérité le reproche de n'avoir combattu que par de vaines déclamations un régime dont les avantages compensent les défauts.

Malgré l'intérêt évident que le propriétaire

avait de conserver ses nègres et d'en accroître
le nombre, malgré les soins assidus des gérants
d'habitation, sur cent nègres importés, il en
mourait dans l'année à peu près quinze, et sur
le même nombre il naissait tout au plus cinq
enfans, dont un, communément, périssait du
mal de mâchoire, ou tétanos. La colonie
éprouvait donc un dixième de perte, qui se
trouvait remplacé par la traite.

Si réellement les mesures relatives à la population ont été incomplètes jusqu'en 1790, on a
dû faire, soit à la Martinique, soit à la Guadé-
loupe, des améliorations dont le résultat aura
été en faveur du nouveau système; mais si
les améliorations et le repos, qui n'a été troublé
qu'un moment à la Guadeloupe, et dont la
Martinique n'a cessé de jouir pendant vingt
ans, n'ont rien changé à l'ancienne marche
de la nature, il sera permis de douter de l'effi-
cacité du moyen unique offert pour suppléer
à la traite. Je suis loin de prétendre qu'il faut
renoncer à en faire l'essai : chaque colon doit
seconder les vues paternelles du gouvernement;
mais je désapprouve ce ton d'assurance que les
antagonistes de la traite prennent avant de
savoir si les cinq années suffiront pour fournir
le nombre d'Africains nécessaire à la culture,

et s'il ne faudra pas revenir un jour à ce commerce si l'on veut avoir des colonies.

Saint-Domingue, sous ce rapport, se trouve dans une position beaucoup plus difficile que la Martinique et la Guadeloupe : ces deux dernières demandent des nègres; mais le nombre ne doit pas en être considérable, puisqu'elles n'ont à remplacer que les déficits de la mortalité ordinaire; Saint-Domingue a besoin, au contraire, de retrouver, par la traite, les cinq sixièmes de son ancienne population qui n'existent plus. Les colons de la Martinique et de la Guadeloupe sont opulents; les navires négriers iront volontiers dans ces deux Antilles, parce qu'ils y trouveront de l'argent ou des denrées d'échange : ils n'auront pas le même espoir en arrivant au Cap ou au Port-au-Prince.

La traite ne doit avoir lieu que pendant cinq années à partir de la ratification du traité du 30 mai. Pour Saint-Domingue, cette faculté sera réduite à quatre, puisque nous ne sommes pas prêts d'y retourner, et que l'expédition devra être remise à l'année prochaine si elle n'est pas partie des côtes de France avant la mi-novembre. En prenant pour base de mon calcul approximatif l'importation des nègres, qui a eu lieu en 1788, et qui est une des plus fortes qu'offrent les registres des douanes, je trouve qu'en quatre années Saint-Domingue ne pourra recevoir que cent vingt mille noirs qui, joints aux cent mille qui sont dans la colonie, ne donnent que le tiers des cultivateurs qu'elle comptait en 1790.

Réfléchissons qu'à cette époque la France avait beaucoup d'armateurs qui se livraient à ce commerce ; qu'on ne manquait ni de navires construits pour la traite, ni de marins et de gérants qui connaissaient les côtes d'Afrique et la manière de traiter, et qu'enfin on y était encouragé par l'appât d'un grand bénéfice et la sûreté des paiements.

La vente de 1788, qui fut de 30,087 nègres, produisit aux armateurs la somme totale de 42 millions 164 mille francs, ce qui porte le prix de chaque nègre à 1401 livre 8 sous. En 1789 et 1790, les nègres ont valu 2000, 2200 et même plus : je réduis ce prix général à 1200 ; et c'est le minimum de sa valeur future, si l'on pense que la nécessité de terminer toutes les opérations relatives à la traite en quatre années, va établir une espèce de concurrence parmi les armateurs de navires négriers ; et cependant je trouve que cent vingt mille nègres, à 1200 francs, vont faire un capital de 144 millions que le commerce de France devra avancer aux colons de Saint-Domingue.

On donnait autrefois des facilités pour le paiement : on recevait un tiers comptant, on accordait une année pour le second tiers, et dix-huit mois ou deux ans au plus pour le troisième.

Les planteurs actuels, déjà débiteurs de la métropole, et obligés de prendre des arrangemens avec leurs anciens créanciers, ne pourront offrir que les produits incertains de leurs futures récoltes, dont il faudra faire trois portions; la première pour les frais d'exploitation, la seconde pour le paiement des intérêts des anciennes créances, et la troisième pour l'acquittement des nouvelles.

L'armateur se contentera-t-il d'un pareil paiement, et se livrera-t-il à des spéculations hasardeuses qui n'auront lieu que pendant un temps limité, après lequel il sera obligé de désarmer ses bâtimens?

Saint-Domingue, qui n'aura que le tiers de sa population, ne pourra tout au plus envoyer à la métropole que le tiers de ses anciens produits. Cet état de choses durera éternellement s'il y a autant de naissances que de morts, ce qui est fort douteux; ou bien si cette progression de population n'existe que dans le cerveau de quelques écrivains, la colonie dépérira insensiblement, et avec elle, le commerce de la France et la prospérité de ses provinces maritimes.

On produit en faveur du système d'abolition l'exemple des colonies anglaises et des Etats-Unis : d'abord, on ne trouvera pas extraordinaire que j'accueille avec circonspection toutes les innovations dont les Anglais ont fait parade dans la dernière guerre; ensuite, il n'y a pas assez de temps que la traite a été abolie chez eux (si réellement elle l'a été), pour qu'on puisse en connaître les avantages ou les inconvénients : l'Angleterre n'a véritablement de colonies importantes en Amérique que la Jamaïque. On sait qu'elle a eu la précaution de pourvoir toutes ses îles d'une grande quantité de noirs, et qu'il n'y existe plus aucun terrain en friche. On sait aussi que les propriétés qu'elle a dans l'Inde, et ses établissements sur la *Sierra-Léona* la dédommageraient amplement de la perte de ses possessions aux Indes-Occidentales, surtout si elles devaient entraîner la ruine des

nôtres. Qu'on cesse donc de m'opposer la conduite du cabinet de Londres , dont chaque pas
tend vers le but qu'il s'est depuis long-temps
proposé , celui de faire exclusivement le commerce du monde.

Quant aux Etats-Unis , il n'y a aucun rap-
prochement à faire entre eux et les colonies
françaises : cette nation, qui compte aujour-
d'hui près de huit millions de blancs , en avait
trois millions à l'époque de son indépendance.
Hors la Caroline et la Virginie on n'y connaît
aucune culture qui exige de nombreux ate-
liers; son climat, presque partout tempéré ,
et qui produit à peu près les mêmes denrées
qu'en Europe, n'exerce aucune influence
meurtrière sur ses cultivateurs ; elle a dû renoncer à un commerce inutile, puisqu'elle
trouvait, dans son propre territoire, le nombre de bras nécessaire pour exploiter ses propriétés.

Occupons-nous maintenant des finances.
Les prêts à faire aux colons de Saint-Domingue ne devront pas se borner aux 144 millions
pour l'achat des noirs, il faudra d'autres fonds
pour les usines, les reconstructions des cases ,
des canaux d'irrigation et des moulins ; il en
faudra pour les mulets, les bestiaux et les

ustensiles de tout genre. Je doute que le gouvernement français puisse les fournir : le bud-
jet du ministre des finances n'en fait pas men-
tion, même comme article additionnel. Il
s'appliquera à payer les dettes de l'état avant
d'oser être généreux ; et malgré son désir de
venir au secours des colons, il aura assez fait
en donnant des troupes, des vaisseaux et des
munitions : on sera donc obligé d'avoir recours
à des capitalistes ; mais convient-il de détruire
d'avance leur garantie en séparant les noirs de
l'habitation ?

On ne peut procéder à un nouveau partage
de propriétés sans être injuste. Le gouvernement n'a la disposition que des terres non
concédées, ou rentrées dans son domaine à
défaut d'héritiers : il est difficile de diviser les
grandes habitations telles que les sucreries.

Le gouvernement doit même s'opposer à des
subdivisions qui nuiraient à l'agriculture,
anéantiraient les grandes spéculations, pour
faire place à de petites opérations mercantiles ;
donneraient aux planteurs avides l'envie de
se soustraire à la gêne d'un commerce exclusif
avec la métropole, et porteraient les esprits à
l'indépendance.

On parviendra, dit-on, à établir, avec l'appui

du gouvernement, une compagnie des Indes occidentales; mais quelles sûretés offrira-t-on aux nouveaux prêteurs , si l'on emploie les nouveaux capitaux en expériences? La colonie devait , en 1805, 400 millions à la métropole: on obtiendra du temps pour le remboursement; mais cette ancienne dette devra figurer à côté de la nouvelle ; de sorte que les habitations seront grevées de deux fortes hypothèques et des intérêts avant qu'on parvienne à réaliser les premiers produits. Doit-on choisir un moment aussi peu favorable pour changer un régime qui a fait si long-temps le bonheur de la colonie? Et ne suffirait-il pas aux colons et à leurs créanciers , d'avoir à redouter l'intempérie des saisons, les épidémies, et les chances désastreuses d'une guerre maritime , et voudrait-on encore leur faire subir les épreuves d'un système vicieux qui acheverait de les ruiner.

L'égalité, sous le tropique, n'est qu'une chimère : ceux qui ont prétendu l'établir, sont des extravagants, des désorganisateurs, dont les efforts n'ont amené qu'une égalité de misère, et il est imposible d'allier la liberté des nègres à l'existence des colonies.

» Abominables chrétiens , s'écrie Voltaire

» (OEuvres complètes, tome 58), les nègres,
» que vous vendez 1200 liv., valent douze cent
» fois mieux que vous! » Essayons de peindre
cette classe d'hommes, à laquelle le patriarche
atrabilaire de la philosophie moderne porte un
si vif intérêt.

Je ne veux pas qu'on me reproche d'avoir
fait un portrait d'imagination; je vais prendre
les traits principaux dans les ouvrages les plus
connus et les plus estimés.

« Le noir est l'être du monde le plus diffi-
» cile à conduire lorsqu'on n'a pas une con-
» naissance suffisante de ses goûts, de ses
» vices et de ses passions. Le fond de son carac-
» tère est la paresse, à laquelle on peut ajouter
» la fourberie. Il déteste le travail, et ne s'y
» livre que dans la crainte des châtimens : s'il
» préfère le repos, ce n'est pas pour trouver,
» dans le calme, les jouissances morales que
» l'activité physique interrompt, mais seule-
» ment pour ne rien faire; ses passions sont
» celles de la nature brute : il est gourmand
» sans délicatesse, luxurieux sans amour; la
» femme n'est pour lui qu'un instrument de
» plaisir.

» Physique et moral, tout dans le nègre dif-
» fère du blanc : voyez la couleur négative de

» sa peau, elle annonce déjà les ténèbres de son
» intelligence ; l'ame porterait en vain ses im-
» pressions sur les traits de son visage, cette cou-
» leur refuserait de les rendre ; l'œil, si justement
» appelé le miroir de l'ame, ne réfléchit rien :
» la glace semble y manquer : aussi un nègre
» a-t-il plutôt un masque qu'une physionomie.
» Qu'en avait-il besoin, dès que la nature ne
» devait y produire aucuns de ses admirables
» effets, dès que les plus tendres affections de
» l'ame ne devaient y jouer aucun rôle? L'odorat
» et le goût sont nuls chez lui. Le résultat de
» cette organisation grossière est un grand en-
» fant borné, léger, mobile, inconsidéré, ne
» sentant avec force ni le plaisir, ni la dou-
» leur, sans prévoyance, et sans ressorts dans
» l'esprit ni dans l'ame.

» Les nègres, dit M. Bernardin-de-Saint-
» Pierre, échappent à la plupart des maux
» par leur insouciance et la mobilité de leur
» imagination. Ils dansent au milieu de la fa-
» mine comme au sein de l'abondance, dans les
» fers comme en liberté.

» Selon M. Jefferson, qui les a étudiés, non
» pas en Afrique, mais aux États-Unis, au mi-
» lieu de modèles de toute espèce, et où ils
» sont de père en fils depuis plusieurs généra-

» tions , les noirs sont foiblement sensibles aux
» chagrins; leur existence tient plus de la sen-
» sation que de la réflexion; leur imagination
» est lourde, insipide, irrégulière; la civilisa-
» tion ne produit aucuns changements dans
» leur moral; ce qui prouve que la stupidité
» n'est point un effet de l'esclavage, mais de la
» nature. »

Voyons comment s'exprime le savant et judi-
cieux auteur du Mémoire sur l'Esclavage co-
lonial : « Le noir n'est suceptible d'aucune
» vertu : orgueilleux, vindicatif, superstitieux,
» menteur, paresseux, jaloux, voleur, insen-
» sible à tout ce qui ne flatte pas ses passions,
» incapable d'entendre jamais aucun appel au
» sens droit et à la raison, nul être ne porte
» plus loin que lui le désir de la vengeance, et
» ne l'exerce d'une manière aussi terrible et
» aussi cruelle : aucune caste d'humains ne
» commit de crimes avec autant de facilité, et
» pour des motifs aussi futiles. Sous le prétexte
» le plus léger, et souvent pour le plaisir
» unique de faire le mal, un nègre incen-
» diera toutes les propriétés d'un homme,
» qui quelquefois lui a fait du bien; il em-
» poisonnera dans une nuit tous ses bestiaux;
» il fera mourir des familles entières, et dans

» sa fureur, il n'épargnera pas même les en-
» fants. »

Tel est l'homme destiné à l'esclavage dans
les colonies, et pour lequel la philosophie se
tourmente d'une aussi vive inquiétude : et que
sommes-nous donc, nous autres Européens, si
l'être que je viens de dépeindre vaut douze
cent fois mieux que nous?

Ah! laissons les sophistes et leurs maximes.
Les nègres étaient contraints de travailler : tout
homme en naissant est condamné au travail ; et
la nature n'a pu faire d'exception en faveur de
ces Africains ; ils étaient moins à plaindre dans
nos îles que dans leur pays, où l'esclavage sub-
siste de temps immémorial, où la guerre se
termine par la destruction des vaincus qu'on
ne peut vendre. L'absence totale des Européens n'empêcherait pas la fréquence de ces
guerres, qui sont de l'essence de ces peuples.

Les nègres libres et misérables maudissent
leurs libérateurs : rendons-les à leurs anciens
maîtres, rejettons-les dans les bras de leurs
pères ; ils y retrouveront l'abondance et la
paix, l'oubli du passé et la promesse d'un
avenir plus heureux.

Pour vous, valeureux paladins de la philantropie, ne choisissez plus pour théâtre exclusif

de vos exploits cette faible partie du nouveau monde; l'ancien réclame à son tour votre généreuse assistance : rompez des lances avec ces barbares de la Méditerrannée, qui s'emparent sous vos yeux de vos compatriotes, les chargent de fers, et les condamnent aux vils travaux réservés pour les criminels; attaquez ces despotes d'Asie, qui, pour servir leur sombre jalousie, s'entourent d'esclaves qu'ils privent du plus beau droit de la nature, et à qui ils ôtent jusqu'à la faculté de se plaindre. Alors je pourrai croire à votre sensibilité, et je ne soupçonnerai plus que vous ne vous êtes occupés du sort des Africains de nos Antilles, que parce qu'ils cultivent nos caféiers et nos cannes à sucre.

CONCLUSION.

L'expédition de Saint-Domingue doit être différée :

1°. Jusqu'au retour des commissaires du Roi, qui seuls peuvent donner des notions certaines sur la situation actuelle de la colonie, les forces des insurgés, et leurs véritables dispositions à l'égard de la métropole;

2°. Jusqu'après la clôture du congrès de Vienne;

3°. Jusqu'après la signature d'un traité de commerce entre la France et la Grande-Bretagne ;

4°. Jusqu'après la décision des puissances alliées, relativement à l'esclavage et à la traite des nègres ;

5°. Jusqu'après la promulgation d'un réglement relatif aux anciennes dettes des colons, et la création d'une compagnie des Indes Occidentales, autorisée par le gouvernement.

FIN.

www.ingramcontent.com/pod-product-compliance
Lightning Source LLC
Chambersburg PA
CBHW051625060726
47597CB00004B/1434